SMOOTHIES

Power for you!

Irina Pawassar

Fotos von Brigitte Sporrer

CREATISSIMO
EINFACH.SELBER.MACHEN.

EMF

EIN BUCH DER
EDITION MICHAEL FISCHER

Für meine Mutter Heidi

IMPRESSUM

Bibliografische Information der Deutschen Bibliothek.

Die Deutsche Bibliothek verzeichnet diese Publikation in der deutschen Nationalbibliografie. Detaillierte bibliografische Daten sind im Internet über http://www.d-nb.de/ abrufbar.

EIN BUCH DER EDITION MICHAEL FISCHER

2. Auflage 2015

Covergestaltung und Layout: Ilona Molnár
Produktmanagement: Annika Christof
Redaktion und Lektorat: Annika Christof und Juliane Rottach
Fotos: Brigitte Sporrer, München
Fotobearbeitung: Erik Pawassar, San Francisco und Ilona Molnár

Bildnachweis:
Alle Fotos von Brigitte Sporrer, außer Autorenfoto S. 48 von Erik Pawassar, San Francisco

ISBN 978-3-86355-326-5

Printed in Slovakia

www.emf-verlag.de

REZEPTE

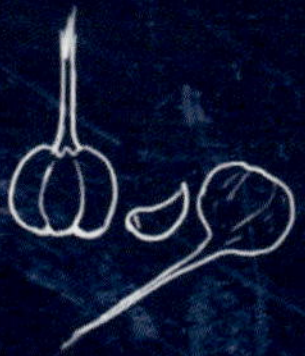

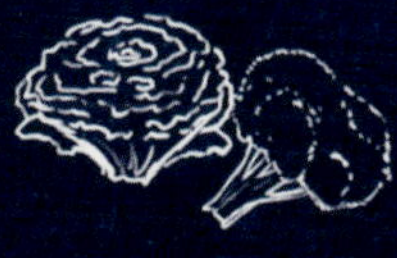

DIE GRUNDLAGEN

POWER IN 10 MINUTEN

Sie machen Spaß, geben Power und halten gesund. Wer einmal auf den Geschmack gekommen ist, wird sie nicht mehr missen wollen – Smoothies erobern die Welt und sorgen für den täglichen Frischekick.

IM HANDUMDREHEN FERTIG

Smoothies sind ideal für Menschen, die ihre Ernährung nicht gleich ganz umstellen möchten, um gesünder zu leben. Beim Smoothie gibt man im Grunde in den Mixer, was einem schmeckt, und die Zubereitung am frühen Morgen, wenn immer zu wenig Zeit ist, dauert wahrhaftig nicht länger als 10 Minuten. Das Gerät ist in Sekunden ausgespült und das „Gesunde Gold" mit nur wenigen Handgriffen in ein Schraubglas gefüllt. Und schon hat man das perfekte Frühstück, einen tollen Snack fürs Büro oder einfach eine kühle Erfrischung an heißen Sommertagen.

WE ARE WHAT WE EAT!

Durch den regelmäßigen Verzehr vor allem von grünen Smoothies geschieht oft eine Art „Aufwachen", man wird klarer und die Geschmacksnerven werden sensibler. Sie werden feststellen, dass Sie nicht mehr so viel Zucker oder Salz brauchen wie früher. Das ist der erste Schritt zu einer bewussten Ernährung!

GESUNDHEIT UND VITALPOWER PUR

Das Grün ist die Essenz! Chlorophyll ist das Farbpigment, das Pflanzen ihre gründe Farbe verleiht und sich äußerst positiv auf unsere Gesundheit auswirkt. Unerhitztes Gemüse liefert uns außerdem wichtige Enzyme, welche dem Zellaufbau und der Zellerneuerung dienlich sind. Je mehr Enzyme wir im Körper haben, desto widerstandsfähiger ist unser Immunsystem. Smoothies machen uns also fit und geben uns die nötige Energie und Lebensfreude!

DIE GERÄTE

Ein haushaltsüblicher Standmixer reicht für die meisten Rezepte vollkommen aus. Auch mit einem leistungsstarken Pürierstab erzielen Sie gute Ergebnisse. Je besser Ihre Maschine ist, desto feiner können die Zutaten püriert werden. Zum optimalen Zerkleinern von Granatapfelkernen, Grünkohl, Kürbis und Nüssen ist allerdings ein Hochleistungsmixer nötig. Ob schön cremig oder mit kleinen Fruchtfleischstückchen, dick oder dünnflüssig wie Saft – das ist letztendlich reine Geschmackssache!

DIE GRUNDREGELN

Saisonal und regional ist Programm. Es müssen auch nicht immer exotische Superfoods sein. Deswegen enthält dieses Buch total lokale, aber auch total tropische Rezepte, wenn es gerade mal nicht so viel regionales Obst und Gemüse bei uns gibt. Und als Extra können Sie die Superfoods dazugeben!

Die Rezepte sind alle vegan, außer Sie möchten mit Honig süßen. Wer auf Kuhmilch oder Joghurt nicht verzichten mag, verwendet diese einfach anstelle von Mandel- oder Reismilch. Zutaten wie Zucker, Weizenprodukte oder Sojamilch fallen komplett weg.
Biologische Herkunft ist natürlich wünschenswert, aber auch nicht immer möglich oder finanziell schwierig. Die Mengenangaben aller Rezepte sind auf ein bis zwei Personen abgestimmt, können aber nach Bedarf abgeändert werden.
Ein Teil der Rezepte wurde vom Smoothie-Label Super Danke beigesteuert. Sie sind mit ihrem Logo gekennzeichnet.

IM KLARTEXT

Es gibt nun keine Ausrede mehr, nicht zumindest ein bisschen etwas für seine Gesundheit zu tun und dabei noch jede Menge Spaß zu haben!

DIE ZUTATEN

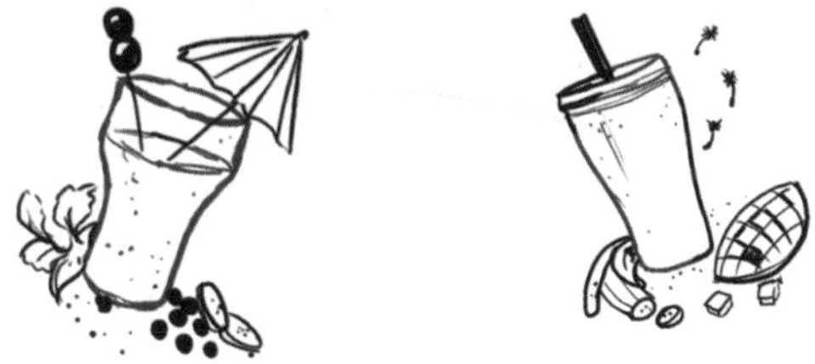

GEMÜSE: Frisch, regional und saisonal lautet die Devise! Biogemüse und Gemüse aus dem Garten sind perfekt. Vitamine, Mineralstoffe und Ballaststoffe machen Gemüse bei seiner geringen Kalorienzahl zum perfekten Schlankmacher.

OBST: Schmeckt lecker, ist gesund und gibt den Smoothies ihre Süße! Neben wichtigen Vitaminen, Mineral- und Ballaststoffen enthält Obst eine riesige Anzahl an sekundären Pflanzenstoffen. Kaufen Sie am besten reifes, regionales und saisonales Obst. Je reifer das Obst, desto weniger müssen Sie nachsüßen.

KRÄUTER: Chlorophyll oder Blattgrün ist vor allem in grünem Blattgemüse und frischen Kräutern enthalten. Es hilft, den Körper zu entgiften, ist antioxidativ und schützt das Immunsystem. Je dunkler das Grün der Zutat, desto mehr Chlorophyll ist enthalten.

FLÜSSIGKEITEN: Um die Smoothies zu verdünnen, eignet sich zuallererst Wasser, da es keine zusätzlichen Kalorien hat. Verwenden Sie am besten reines Quellwasser. Aber auch Kokoswasser, Mandel- oder Reismilch sind gesunde und leckere Alternativen.

ZUM SÜSSEN: Zucker ade! Süßen Sie Ihre Smoothies mit Honig, Ahornsirup oder etwas Stevia.

GEWÜRZE: Kardamom, Vanille und Co. geben den Smoothies einen zusätzlichen Geschmackskick.

NÜSSE UND SAMEN: Greifen Sie beim Einkauf am besten zu ganzen Nüssen, die Sie dann bei Bedarf selbst mahlen können. Nüsse und Samen enthalten reichlich Fett, Ballaststoffe und Eiweiß. Sie sind somit wertvolle Energie- und Nährstoffbomben.

SUPERFOODS!

ACAI-PULVER: Die Acai-Beere gilt als natürlicher Schlankmacher und unschlagbare Anti-Aging-Waffe.

CHIA-SAMEN: Diese besondere Energiequelle ist reich an Omega-3-Fettsäuren und vielen anderen wertvollen Inhaltsstoffen.

HANFPULVER/HANFSAMEN: Sie zählen zu den besten Eiweißlieferanten der Welt! Als Smoothie-Zutat sind die geschälten Samen oder das Pulver am besten geeignet.

INGWER: Ingwer ist bekannt für seine vielen positiven Wirkungen auf die Gesundheit. Er ist energetisierend, stärkt die Abwehrkräfte und wärmt Körper und Seele von innen.

KAKAO (ROH): Roher, naturbelassener Kakao strotzt nur so vor Antioxidantien. Dieser Energiespender ist die Nummer eins der Natur zum Abnehmen.

KARDAMOM: Nach Ayurveda hilft Kardamom bei der Verdauung, reduziert Blähungen, entgiftet von Koffein und verbessert die Lungendurchblutung.

MACA-PULVER: Das sagenumwobene Pülverchen sorgt für die nötige Power im Alltag.

SPIRULINA/CHLORELLA: Die eiweißhaltigen Algen überzeugen durch ihre entschlackende Wirkung.

STEVIA: Diese Pflanze kann als Süßungsmittel Zucker und Honig ersetzen. Sie ist auch für Diabetiker geeignet. Aufgrund ihres starken Eigengeschmacks sollten Sie sie nur in sehr geringen Mengen verwenden.

PETER & SILIE

Hier kommt ein toller, gesunder Smoothie mit Apfel, Gemüse und der namengebenden Petersilie. Die intensiv grüne Farbe dieses Drinks macht einfach Spaß und weckt die Lebensgeister.

TIPP

Für eine Extraportion Eiweiß noch 1 TL Spirulina- oder Chlorellapulver hinzufügen.

ETWAS FRISCHE MINZE
60 g frische Petersilie
SÜßEN NACH BEDARF MIT HONIG ODER STEVIA
50 G BROKKOLI, ROH
1 STANGE SELLERIE
80 g Gurke
EIN APFEL
300 ml Wasser

MANGO TO TANGO

Die Mango ist voller Vitamine, energetisierend und in Indien seit jeher als „göttliche Frucht" bekannt.
In Kombination mit Fenchel und Orange ergibt sich ein ungewöhnliches, frisches Fruchterlebnis.

100 ml Wasser

100ML ORANGENSAFT, AM BESTEN FRISCH GEPRESST *oder* 1 UNBEHANDELTE ORANGE MIT ETWAS SCHALE

etwa 80 g frischer Fenchel

1 mittelgroße reife Mango (frische oder getrocknete, eingeweichte Mangostücke)

TIPP

Mango to Tango ist ein toller Kinder-Smoothie. Durch die Süße lässt sich leicht viel gesundes Gemüse untermogeln.

JONNY KALE

Erfrischend, grün und köstlich kommt dieser Smoothie daher. Mit Orangen und Bananen kann man ihn sowohl im Sommer als auch im Winter genießen und er macht einfach gute Laune!

120 ml Reis-Kokos-Milch
1 Banane
40 G GRÜNKOHL
1 Orange (ganze Stücke ohne Schale)
4 EISWÜRFEL
1
2
3

GOJI-QUEEN
ARONIA-QUEEN

Die Tibeter nutzen die Goji-Beere schon seit über 2500 Jahren, hier in Europa ist sie erst seit einiger Zeit besser bekannt. Unsere einheimische Variante ist die Aroniabeere, die dem Smoothie statt einem tiefen Orange ein leckeres Lila verleiht.

getrocknete Beeren immer eine Weile einweichen und das Einweichwasser mit verwenden
2 EL Goji-Beeren
oder
2 EL Aronia-Beeren
1 EL AHORNSIRUP ODER HONIG
eine Banane
EIN APFEL
etwas Vanille (Pulver oder Extrakt)
300 ml Wasser

SUMMER DREAM

Ein herrlich erfrischendes Sommergetränk für heiße Tage! Es ist auch als Partygetränk sehr gut geeignet – geben Sie dafür einfach einen Schuss weißen Rum hinzu. Fertig!

10 FRISCHE MINZEBLÄTTER ODER MEHR
Saft einer Limette
EISWÜRFEL NACH BELIEBEN
etwa 800 g Wassermelone

HALLOWEEN-SMOOTHIE

Honig, Kürbis, Orange und Banane? Ungewöhnlich, aber unglaublich lecker! Der nussige Geschmack des Hokkaido-Kürbis und die fruchtige Frische des Obsts harmoniert perfekt. Der Kardamom gibt das gewisse Extra.

HINWEIS

Für dieses Rezept benötigen Sie aufgrund der Konsistenz des Kürbisses einen Hochleistungsmixer!

200 ml Orangensaft oder
2 Orangen ohne Schale
+ WASSER JE NACH
GEWÜNSCHTER KONSISTENZ
1EL Ahornsirup
oder Honig
1/4 TL Kardamompulver
1 Banane
200 G HOKKAIDO-KÜRBIS
roh und mit Schale

King Louie

Knusprig durch das Müsli, schokoladig, mit Banane und einem leichten Kokosgeschmack ist dieser Smoothie ein perfekter Ersatz für das Frühstück. Er macht satt und liefert alles, was man für einen guten Start in den Tag braucht.

1 reife Banane
70 ML MACADAMIA-MILCH
2 EL rohes Müsli (nicht geröstet)
1 EL Chia-Samen
90 ML KOKOSWASSER
2 EL Kokos-Chips natur
Topping: 1 TL Kakao-Nibs
1 TL rohes und pures Kakaopulver
+ 4 Eiswürfel

SMOOTHIE MEDITERRAN

Sie sehnen sich nach dem blauen Mittelmeer, dem Sommer und wärmenden Sonnenstrahlen? Dann verschafft dieser extravagante Smoothie Abhilfe, voll mit Vitamin C, mediterran-orientalischem Aroma und Grillenzirpen ...

3-4 frische Feigen

Saft einer halben Zitrone

200-300 ml Wasser

1 Granatapfel (nur Kerne)

2-3 DATTELN

TIPP

Die Granatapfelkerne in einer mit Wasser gefüllten Schüssel pulen, dann spritzt es nicht!

KALE RIDER

Kohl in einem Smoothie? - Ja! Die Ananas und das Kokoswasser machen ihn süß und lecker, die ungewöhnliche Kombination wird Sie positiv überraschen!

TIPP

Anstatt Kokoswasser können Sie auch Wasser (am besten gut filtriert) verwenden.

GOLDMILCH

Der Star dieses Smoothies ist die Kurkuma: Die Wunderknolle gilt dank ihres Wirkstoffs Curcumin als Heilpflanze. An kalten Tagen ist dieser süße und gleichzeitig leicht scharfe Smoothie als warme Variante ein wahrer Seelenwärmer.

-3 EL Ahorn-
sirup
oder
4 Datteln
ETWA
1 DAUMENLANGE
(20 G) FRISCHE
KURKUMAWURZEL
ODER 1 TL
KURKUMAPULVER
kleines Stück
frischer Ingwer
etwa 300 ml
Mandelmilch

LOW CARB

SUPER DANKE!

Der Mix aus Gemüse, Obst und Kräutern und die leichte Schärfe des Ingwers machen diesen Smoothie zu etwas ganz Besonderem und er liefert darüber hinaus wertvolle Inhaltsstoffe.

10 G PETERSILIE
1 mittelgroßer
APFEL
60 ml Wasser
30 g Spinat
½ GELBE PAPRIKA
1 Handvoll (60 g) Trauben
1 EL Zitronensaft
1 kleines Stück Ingwer
4 Eiswürfel

PINK POWER

Wie bekomme ich mein Kind dazu, die gesunden Rote Bete zu essen? Geben Sie ihm den Pink-Power-Smoothie, garniert mit rohen Kakao-Nibs! Er ist süß, erfrischend und sooo lecker ...

80 G ROTE BETE, ROH
200 ml Mandel- oder Reismilch
3 Esslöffel Ahornsirup oder Honig
100 ml Wasser
ETWAS FRISCHE MINZE

Tropical Smoothie

Wenn die einheimischen Zutaten mitten im Winter zu langweilig werden und die Tage zu dunkel, gibt einem der tropische Geschmack einen angenehmen Kick. Und mit etwas Fantasie können Sie sich noch das Meeresrauschen dazu vorstellen.

frischer Koriander, nach Belieben
Eine Banane
1 PASSIONSFRUCHT ODER PAPAYA
200 ml Wasser
Saft einer Limette
30 g Kokosflocken (oder 100 ml Kokoswasser)
200 G ANANAS

Total Local Winter Smoothie

Ein toller lokaler Smoothie für den Winter. Die Mischung aus Rote Bete, Grünkohl, Apfel und Co. macht die dunkle Jahreszeit bunt und lecker! Topinambur, auch Erdbirne genannt, ist eine eher unscheinbare Zauberknolle voller Vitamine und Eisen.

süßen nach Geschmack

TIPP

Selbst gezogene Sprossen liefern mitten im Winter viele Vitamine.

etwa 50 g Rote Bete, roh
EIN APFEL
etwa 50 g Topinambur, roh
Tipp
1 TL Hanfpulver
1 Handvoll Grünkohl
200 ml Wasser
etwa eine halbe Handvoll Brombeerblätter oder frische Kräuter
SPROSSEN
1 EL Aronia-Beeren (eingeweicht)

GEMEINER GRÜNER SMOOTHIE

Hier kommt das absolute Power- und Heilgetränk! Das Grün ist beliebig austauschbar, je dunkelgrüner, desto besser. Verwenden Sie im Sommer möglichst Wildkräuter, wie Löwenzahn, Brennnessel, Giersch und Klee, und im Winter Grünkohl.

TIPP

Wer mag, fügt ein Superfood, wie Hanfpulver, Macapulver oder Chiasamen, hinzu.

eine Handvoll Grün, zum Beispiel:

BLUEBERRY DREAM

Süß und trotzdem gesund ist dieser Traum aus Blaubeeren. Auch Kinder lieben die „Blaubeermilch", und wenn man weniger Wasser für eine dickere Konsistenz dazugibt, erhält man eine tolle und gesunde Marmelade! Mmh!

300 ml Wasser
oder
100 ml Wasser + 200 ml Mandelmilch
durch die Milch wird die Blaubeerfarbe intensiver
125 G BLAUBEEREN
EINE BANANE
etwas Vanille (Pulver oder Extrakt)

Hangover Cure

SUPER DANKE!

Dieser exotische, grüne Smoothie mit Mango, Avocado, Banane und Trauben weckt auf und belebt den Körper. Durch die Chia-Samen wird er zu einem richtigen Powerdrink!

Als Topping ½ TL Chia-Samen

½ Mango
40 g Grünkohl
20 g Avocado
½ Banane
1 HANDVOLL (60 G) TRAUBEN
100 ml Kokos-wasser
1 EL CHIA-SAMEN
50 ml Reismilch
4 EISWÜRFEL

CHAI SMOOTHIE

Genießen Sie ihn an heißen Tagen herrlich kalt mit Eiswürfeln, an kalten schmeckt er am besten warm. Wie das Original aus Indien überzeugt er mit seinem süßen, würzigen, leicht scharfen und zimtigen Geschmack!

3 EL AHORNSIRUP ODER HONIG
¼ TL Muskat (am besten frisch gerieben)
¼ TL Kardamompulver
½–1 TL ZIMT
1 Stück frischer Ingwer
300 ml Mandelmilch
ETWAS VANILLE ALS PULVER ODER EXTRAKT

KAKAO-SMOOTHIE

Wer als Kind nutellaverrückt war, wird diese Version lieben! Im Grunde ist dieser Smoothie einfach eine geniale, leckere und sehr gesunde Alternative für einen heißen oder kalten Kakaodrink. Das Salz hebt die süße Note umso mehr hervor.

TIPP

Für einen AFTER-EIGHT-SMOOTHIE geben Sie frische oder getrocknete Minze dazu.

SUPER DANKE!

BLOODY HELL

Eine äußerst raffinierte und durchdachte Mischung aus Trauben, Rote Bete, Orangensaft und Minze bringt ein intensives, wunderbares Lila und einen Geschmack, der Lust auf mehr macht.

4 MINZ-
BLÄTTER
4 Eiswürfel
1 ROTE BETE
1 EL Leinsamen
rote und grüne Trauben,
je 1 Handvoll (60 g)
1 TL
Zitronen-
saft
1 TL Acai-Pulver
100 ML FRISCH
GEPRESSTER ORANGENSAFT

ÜBER DIE AUTOREN

Irina Pawassar bereitet seit vielen Jahren Smoothies für Familie und Freunde zu. Sie absolvierte eine Ausbildung zum „Raw Food Chef" (Vitalkostkoch) in den USA und hat auf etlichen Seminaren in Irland Vitalkost „geunkocht". Mit ihrer Begeisterung für einfache, aber supergesunde Ernährung konnte sie schon viele anstecken. Als Chefköchin im Münchner Restaurant „Gratitude" kreierte sie viele farbenfrohe Smoothies und brachte dabei immer wieder das wichtige Chlorophyll mit ein. Eine Grippe hatte sie seit sechs Jahren nicht mehr.

Super Danke wurde im Frühjahr 2014 ins Leben gerufen, um die Begeisterung für leckere und nahrhafte Green Smoothies mit möglichst vielen Menschen zu teilen. Der Fokus liegt neben dem Geschmack vor allem in der Verwendung bester lokaler und saisonaler Zutaten. Ausgewählte exotische Früchte und Toppings verleihen den Drinks zusätzlichen „Popeye Punch". Neben einer dynamischen Karte mit frisch gemixten Green Smoothies wie z. B. dem „Hulk", „Bloody Hell" oder „Espresso Love" bietet Super Danke in seinen beiden Münchner Filialen und im Online-Shop außerdem die Super-Cleanse-Saftkur an.

Sie finden Super Danke unter:
www.superdanke.com
oder in München:
Türkenstraße 66, Maxvorstadt
Fraunhoferstraße 32, Glockenbach